Barbara Cratzius

Heut' spielen wir was vor

Kurze Spielstücke
rund ums Kindergartenjahr

CHRISTOPHORUS

Inhalt

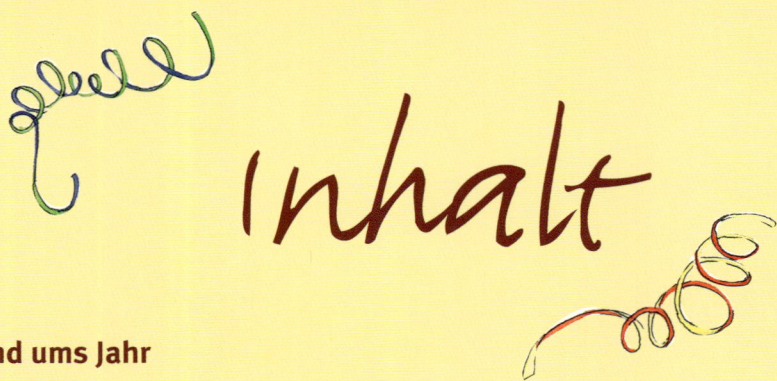

Herbst

Winter

spielstücke rund ums Jahr

Tipps fürs Rollenspiel

1. Wir spielen Theater – welches Kinderherz schlägt da nicht höher! Es fasziniert die Kinder, wenn sie in eine andere Rolle schlüpfen können. In diesem Buch werden einfache Spielstücke angeboten, die ohne großen Aufwand aufführbar sind. Wenn die Kinder aber mit Feuereifer dabei sind, können sich daraus auch großzügig mit Requisiten und Kostümen ausgestaltete Aufführungen machen lassen.

2. Die Stücke folgen im weiteren Sinne dem Ablauf des Jahres, lassen sich aber auch unabhängig von der Jahreszeit einsetzen. Themen wie Faschings- oder Frühlingsspaß, Muttertag, Geburtstag, Sommerfeste, Abschied vom Kindergarten, Schulbeginn, Erntedank und der Advents- und Weihnachtskreis sind Anlässe, für die in der Kindergruppe und im Familienkreis immer wieder Material benötigt wird.

3. Bei diesen kleinen Spielstücken steht die Lust am Verkleiden, Schminken, am Erfinden von rhythmischen Begleitelementen, am Suchen und Aufbauen der Requisiten im Vordergrund. Die schöpferischen Kräfte der Kinder sollten erhalten bleiben. Sie dürfen nicht eingeengt werden durch allzu starre Vorgaben und den Zwang zur Perfektion.

4. Die Freude am Reim und am spielerischen Umgang mit der Sprache ist bei jedem dieser kleinen Spiele vorherrschend. Auch wenn die Kinder pantomimisch agieren, werden ihnen die sprachlichen Gestaltungselemente durch Reim und Prosa nahe gebracht. Dieser Umgang mit der Sprache in Bewegung und Spiel ist eine wesentliche Voraussetzung, die Kinder sprachlich zu fördern. Auch Kinder aus anderen Kulturkreisen werden in einigen Stücken besonders angesprochen und können ihre Ideen einbringen.

5. Die verschiedenen Spielformen des Buches bieten Raum für Spielfreude und Kreativität. Die Texte können als Singspiele, Tischtheater, Klanggeschichten, Figurentheater, Schattenspiel und als Rollenspiel gestaltet werden. Neben den Impulsen für einen fröhlichen Kinderalltag greifen sie auch Erfahrungen und Probleme der Kinder auf.

6. Diese kleinen Spielstücke brauchen nicht immer ein großes Publikum. Sie können bei vielfältigen Gelegenheiten im Kinderalltag eingesetzt werden. Die Kinder können durchaus Spieler und auch Zuschauer sein. Die Rollen können wechseln: Ein Kind kann eine Sprechrolle oder eine pantomimische Rolle erhalten, es kann beim Schminken, bei den Requisiten, bei den Kostümen oder Instrumenten helfen usw.

7. Die Rollenverteilung sollte nicht unter Zwang geschehen. Spielfreudige, ungehemmte Kinder drängen gern zu einer Hauptrolle, und manchmal ist es schwer, sie zurückzuweisen. Aber auch ängstliche Kinder sollten Rollen bekommen, um ihre Hemmungen zu überwinden. Gerade sie sind glücklich, wenn sie beteiligt sind. Kleine Abzählreime können die Rollenverteilung erleichtern. Die Spiele sind so angelegt, dass es wenig Hauptdarsteller gibt, sodass viele Kinder gleichberechtigt mitwirken können.

8. Mehrere Spiele werden mit neuen Liedtexten nach alten Melodien angeboten. Wenn das Spiel vor Zuschauern aufgeführt wird, ist es wichtig, dass vorher Liedzettel ausgeteilt werden, damit das Publikum mitsingen kann. Die Liedform erleichtert es gehemmten Kindern, sich ungezwungen zu bewegen. Sie fühlen sich durch Melodie, Rhythmus und Bewegung in die Gemeinschaft integriert.

9. Die Dekoration für die Spielfläche sollte nicht zu aufwändig sein. Die Kinder entwickeln dabei selber Ideen, wie der Raum gestaltet werden kann. Für den Szenenwechsel brauchen wir keine aufwändigen Vorhänge. Die Fantasie der Kinder schafft den Wechsel spielend mit Liedern, Rhythmusinstrumenten oder einfach mit der Aufforderung: Augen zu – Augen auf.

10. Eine Schatzkiste, in der Requisiten für kleine Spielstücke zum Verkleiden und zur Ausgestaltung der Szenen liegen, sollte das ganze Jahr über mit immer neuen Schätzen gefüllt werden. Da gibt es Stoffreste, Pelz- und Wollreste, Hüte, Glitzerschmuck etc. Auch die Bastelkiste mit Resten von Ton-, Seidenpapier, Zauberwolle, Glitzerfolie, Fingerfarben etc. muss immer wieder aufgefüllt werden.

11. Bei allen Spielstücken soll den Kindern viel Raum zur Veränderung gegeben werden. Sie sollen eigene Ideen und Erfahrungen in die Spielstücke einbringen können, die Rollen selbst weiterentwickeln und sich fantasievoll verkleiden.

12. In manchen Stücken gibt es einen Erzähler. Das kann ein älteres Kind oder der Spielleiter sein. Der Spielleiter kann bei kleinen Pannen während des Spiels helfend eingreifen. Er kann auch die Zuschauer zum Mitsingen oder Mitspielen auffordern. Er sollte die Rollen mehrfach vergeben, damit viele Kinder beteiligt sind und im Krankheitsfall ein anderes Kind einspringen kann.

Und nun: Vorhang auf zum fröhlichem Mitspieltheater!

Fasching der Stofftiere

Puppen und Lieblingstiere in lustiger Verkleidung

Dieses Spiel ist für kleinere Kinder geeignet, die noch eine enge Beziehung zu ihren Stofftieren haben. Kleinkinder stehen dem wilden Faschingsklamauk der Großen oft ängstlich gegenüber. Wenn sie aber ihr geliebtes Stofftier fantasievoll verkleiden können, können auch sie dem närrischen Treiben eine lustige Seite abgewinnen.

Rollen

Viele Kinder mit ihren Stofftieren bzw. Puppen

Vorbereitung

Die Kinder holen sich aus einer großen Stoff- und Kleiderkiste passende Utensilien für ihre Lieblinge heraus und ziehen sie fantasievoll an. Dabei dürfen manche Verkleidungen natürlich auch doppelt vorkommen. Dann üben sie die kurzen Zweizeiler ein, die beim Spiel vorgetragen werden.

Durchführung

Die Kinder sitzen oder stehen im Kreis und stellen ihre verkleideten Puppen bzw. Stofftiere vor. Die Zweizeiler können auch auf die Melodie: „Ein Vogel wollte Hochzeit machen" gesungen werden, wobei beim Refrain alle Kinder und die Zuschauer mitsingen. Bei der letzten Strophe „Und alle Tiere groß und klein, die soll'n beim Fasching bei uns sein" werden die Spieltiere und Puppen in die Kreismitte gesetzt und die Kinder tanzen fröhlich rundherum. Danach können sich alle Kinder selbst verkleiden.

1. Kind

Mein Teddy will Gespenst heut sein
und lädt ins Spukschloss alle ein.
Fideralala, Fideralala, Fideralalalala.
(Teddy mit weißem Tuch verkleidet.)

2. Kind

Mein Nilpferd will Pirat heut sein
und lädt aufs Räuberschiff euch ein.
Fideralala ...
(Mit bunt gewürfeltem Kopftuch und Augenklappe.)

3. Kind

Meine Eule will Astronaut heut sein
und lädt zum Mondflug alle ein.
Fideralala ...
(Mit silbern bemaltem Karton als Raumkapsel.)

4. Kind

Mein Lämmchen will heut Bäcker sein
und lädt zum Backen alle ein.
Fideralala ...
(Mit Bäckermütze.)

5. Kind

Meine Maus, die will ein Clown heut sein,
lädt in den Zirkus alle ein.
Fideralala ...
(Mit weiten Clownshosen und lustiger Nase.)

6. Kind

Mein Löwe will Roboter sein
und drückt die Knöpfe raus und rein.
Fideralala ...
(Karton mit aufgeklebten Knöpfen vorn und hinten umbinden.)

7. Kind

Meine Puppe will Indianer sein
und lädt zum Jagen alle ein.
Fideralala ...
(Mit Feder-Kopfschmuck.)

8. Kind

Mein Kater will ein Zaubrer sein
und lädt zum Zaubern alle ein.
Fideralala ...
(Mit Zaubererhut und Zauberstab.)

Alle

Und alle Tiere groß und klein,
die soll'n beim Fasching bei uns sein.
Fideralala ...

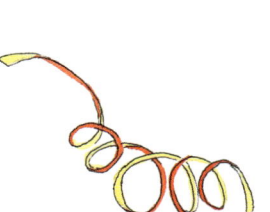

Hoppel und Stoppel

Ein Spiel um Freundschaft

Dieses Spiel ist für eine Kindergruppe mit kleineren Kindern gedacht, die noch nicht gern Texte vor einer Gruppe vortragen mögen. Es ist ein „Freundschaftsspiel", wobei die gegenseitige liebevolle Berührung und das gemeinsame Umherhüpfen im Vordergrund stehen.

Rollen
Erzähler
Viele Hasenkinder

Vorbereitung
Die Kinder probieren paarweise das Streicheln mit den „Pfoten" und das gemeinsame Hoppeln aus. Sie können Stirnbänder mit Hasenohren tragen. Weiße „Blume" (Hasenschwänzchen, z. B. aus Watte) nicht vergessen!

Durchführung
Die Kinder finden sich zu Paaren zusammen. Während der Erzähler die Verse vorträgt, agieren die Kinder textgemäß. Am Schluss hüpfen die Paare Hand in Hand aus dem Kreis heraus und das Spiel beginnt mit wechselnder Besetzung von neuem.

Erzähler

Heut früh wollt' ich spazieren gehn,
da hab' ich zwei kleine Häschen gesehn.

Das eine heißt Hoppel,
das andere heißt Stoppel.

Sie sitzen beide auf einem Stein
und machen sich fein.

Stoppel putzt dem Freund den Bart,
ist ganz sanft und lieb und zart.

Hoppel macht's auch mit sanften Pfoten,
kratzen, nein, das ist verboten!

Lieber Stoppel, halt doch still,
weil ich dich jetzt streicheln will!

Lieber Hoppel, nun bist du schön,
jetzt können wir spazieren gehn.

Hoppel, happel, hopp,
vorwärts im Galopp.

Auf der Frühlingswiese

Wo sich die Tiere treffen

Ein kleines Darstellungsspiel, bei dem kleine Kinder ohne Sprechtext agieren und sich wie die Tiere auf einer Frühlingswiese bewegen. Je nach Anzahl der mitspielenden Kinder können die Tiere mehrfach besetzt sein.

Rollen

Erzähler
Käfer
Schmetterling
Häschen
Mäuschen
Katze
Hummel

Vorbereitung

Die Kinder basteln unter Anleitung einfache Verkleidungen und ziehen sie an. Dann wird ausprobiert, wie sich die verschiedenen Tiere bewegen.

Durchführung

Die Kinder üben das Lied auf die Melodie „Kommt ein Vogel geflogen" ein. Dann wird es gesungen und zu jeder Strophe kommen die entsprechenden Tiere in typischen Bewegungen angehoppelt, -gesummt, -gekrabbelt, -getrippelt und -geschlichen. Sie beschreiben einen großen Kreis und lassen sich dann nieder. Nun wird die nächste Strophe angestimmt.

Alle singen

Melodie: Kommt ein Vogel geflogen

Kommt ein Schmetterling geflogen,
komm und setz dich zu mir!
Ich betrachte deine Flügel
und ich tu nichts Böses dir.

Kommt ein Käfer angekrabbelt,
nein, wer hätt' das gedacht!
Setzt sich grad auf meinen Finger,
ich bewege ihn ganz sacht.

Kommt ein Häschen angehoppelt,
setzt sich zu mir ins Gras.
Du hast lange, weiße Ohren,
bist ein lieber, brauner Has.

Kommt ein Mäuschen angetrippelt,
liebe Maus, sieh dich vor!
Denn der große, graue Kater
springt gleich hinterm Stein hervor.

Kommt 'ne Hummel angeflogen,
setzt sich auf meinen Fuß.
Kleine Hummel, komm und sag mir,
von wem bringst du einen Gruß?

Hopsi, der Osterhase

Von einem schlauen, kleinen Hasen

Neben dem Weihnachtsfestkreis ist es die Frühlings- und Osterzeit, die jedes Jahr uns und unsere Kinder zu kreativer Schaffensfreude anregt. Die fleißigen Osterhasen in ihrer Osterhasenwerkstatt locken die Kinder immer wieder zur spielerischen Beschäftigung. Hier ist es reizvoll nachzuspielen, was ein kleiner, pfiffiger Hase erlebt.

Rollen
Erzähler
Viele Hasenkinder
Hasenpapa
Hopsi
Bauer
Lena

Vorbereitung
Luftballons aufblasen, mit Papiermaschee bekleben, trocknen lassen und mit weißer Farbe grundieren. Aus Holz oder Karton einen „Stall" mit einem Tor aus Maschendraht anfertigen. Der „Stall" steht von Anfang an auf der Bühne bzw. im Innenkreis. Die bereitgestellten Eierkörbe und Farbtöpfe werden von den Hasenkindern mitgenommen. Die Hasenkinder tragen Stirnbänder mit langen Ohren, der Bauer hat einen Hut auf und Gummistiefel an und Lena trägt eine bunte Schürze.

Durchführung
Der Erzähler beginnt seine Geschichte. Wenn die Hasenkinder die Papiermaschee-Eier und die Farbtöpfe mitgenommen haben, agieren der Hasenpapa, der Bauer, Lena und Hopsi auf der Bühne.
Im Anschluss an die Geschichte bemalen die Kinder die Papiermaschee-Eier fantasievoll und farbenfroh.

Erzähler
Auf der Osterwiese hat der Hasenpapa viele Körbe mit Eiern und die bunten Farbtöpfe aufgestellt. Dann lässt er seine Trillerpfeife ertönen. Aus allen Ecken hoppeln die fleißigen Osterhasenkinder herbei. „Nehmt die Körbe und Farbtöpfe!", ruft der Papa. „Und nun ab mit euch zu Mama Hase unten am Bach! Da fangt ihr an zu malen!"
Nur der kleine, freche Hopsi hat mal wieder keine Lust dazu. Fröhlich hoppelt er auf der Wiese umher, schlüpft durch den Zaun am Bauerngarten und knabbert dort Möhren und Salat.

Hopsi

Springen kann ich, 1-2-3,
Hopsi, der ist stets dabei.
Spielen, Toben, das ist fein,
nun schlaf ich im Grase ein.

Erzähler

Da kommt der Bauer durch den
Garten gestiefelt.

Bauer ist erstaunt und erfreut

O – wer hat sich hier versteckt?
Wen hab' ich denn da entdeckt?
Braun das Fell und wohlgeraten.
Das wird ein fetter Osterbraten!

Hopsi antwortet erschrocken

Lass mich Osterhasen los,
o, das Unglück ist so groß!
Alle Kinder müssen warten,
machst du aus mir Osterbraten!

Bauer

Du bist ein rechtes Lügenmaul,
Kaninchen du! Ganz dick und faul!
In den Stall hinein mit dir.
Fest verschlossen wird die Tür!

Erzähler

Nun ist Hopsi gefangen
und schluchzt vor sich hin.
Das hört die kleine Lena.

Lena kommt heran

Osterhase, 1-2-3,
mal mir rasch ein Osterei!

Hospi malt pantomimisch ein Riesenei an

Eier, Farbe, Pinsel her!
Eiermalen ist nicht schwer!
Hier ein Punkt, ein Strich, ein Kreis,
und die Spitze, die bleibt weiß.
Pfotentupfer kann ich toll,
bald ist unser Korb ganz voll!
Doch mich plagt der Hunger sehr.
Bring mir rasch drei Möhrchen her!

Lena

Wenn die Eier schön gelingen,
werd' ich auch Salat dir bringen!

Hopsi

Lass mich nur mal eben raus,
ich such mir den schönsten aus!

Lena ängstlich

Läufst du auch nicht fort von hier?

Hopsi hoppelt weg

Ich komm gleich zurück zu dir!

Erzähler

Und so ist es dann geschehen,
Hopsi ward nicht mehr gesehen.
Doch zum bunten Osterfest
liegen Eier in dem Nest.
Lena hat ganz laut gelacht.
„Die Pfotentupfer hat Hopsi
gemacht!"

Der Spaßvogel-Kreis

In der verkehrten Welt

Nicht nur in der Faschingszeit sind Spiel und Spaß angesagt. Auch in der übrigen Zeit im Jahr, z. B. an einem grauen Regentag, können wir mit den Kindern Unlust und Langeweile mit lustigen Spaß- und Unsinnsideen vertreiben.

Rollen
Alle Kinder einer Kindergruppe

Vorbereitung
Zu einem „Quatschmachtag" gehört zunächst, dass die Kinder und Erwachsenen sich lustig verkleiden und schminken. Rote Pappnasen, bunte Schals, Strümpfe und Hüte, dazu frech gemalte Gesichter schaffen schnell eine fröhliche und ausgelassene Stimmung. Danach wird der Kehrvers gelernt, der auf die Melodie „Ein Vogel wollte Hochzeit machen" gesungen wird.

Durchführung
Die Kinder stellen sich in einem großen Kreisrund auf und gehen in eine Richtung. Jeweils ein Kind löst sich aus dem Kreis, tritt in die Mitte und spricht den Zweizeiler. Wenn möglich, wird das Gesagte mimisch und gestisch ausgeschmückt. Das Kind kehrt in den Kreis zurück, der Kehrvers wird gesungen und bei „Fideralala" klatschen alle in die Hände. Die meisten der kurzen Zweizeiler können auch schon von den Kleinsten bewältigt werden.

Kehrvers

Bei uns gibt's Quatsch heut, 1–2–3,
und Spiel und Spaß sind auch dabei.
Fideralala …
Bei uns ist heut verkehrte Welt.
Hau ab, wenn dir das nicht gefällt!
Fideralala …

1. Kind

Der Vater baut ein Kasperhaus,
dafür geht ins Büro der Klaus.

Alle

Bei uns gibt's Quatsch heut …

2. Kind

Die Laura schläft den ganzen Tag,
weil nachts sie so gern spielen mag.

Alle

Bei uns gibt's Quatsch heut …

3. Kind

Im Winter badet Till im See,
im Sommer wälzt sich Lars im Schnee.

Alle

Bei uns gibt's Quatsch heut …

4. Kind

Wer spielt heut mit der Eisenbahn?
Der Opa schiebt die Wagen an.

Alle

Bei uns gibt's Quatsch heut …

5. Kind

Und wer im Sandkasten dort wühlt?
Die Oma mit den Förmchen spielt.

Alle

Bei uns gibt's Quatsch heut …

6. Kind
Der Robert, Jessica und Jan,
die ziehn den Eltern Strümpfe an.

Alle
Bei uns gibt's Quatsch heut …

7. Kind
Die Mami darf es nicht vergessen,
Spinat heut ratz-fatz aufzuessen.

Alle
Bei uns gibt's Quatsch heut …

8. Kind
Lakritz darf Papi heut nicht naschen,
die steckt der Kai in seine Taschen!

Alle
Bei uns gibt's Quatsch heut …

9. Kind:
Bananen sind heut alle blau,
Zitronen lila, komm und schau.

Alle
Bei uns gibt's Quatsch heut …

10. Kind
Der Mark, der ruft: „So seht doch her!
Am Kirschbaum hängen Äpfel schwer!"

Alle
Bei uns gibt's Quatsch heut …

11. Kind
Die Lena macht ein groß' Geschrei:
„Hört – unser Hahn legt heut ein Ei!"

Alle
Bei uns gibt's Quatsch heut …

12. Kind
Der Riese wird zum Hutzelzwerg,
der niest und hustet hinterm Berg.

Alle
Bei uns gibt's Quatsch heut …

13. Kind
Und wenn euch das ganz mächtig stört,
dann macht doch richtig, was verkehrt.

Alle singen und klatschen
Der Unsinnstag, der ist nun aus,
und alle gehn vergnügt nach Haus.
Fideralala …

Am Schluss können sich alle Kinder auf den
Boden setzen und erzählen, was im Text
falsch war und wie es richtig sein müsste.
Gemeinsam können weitere Unsinnsverse
gedichtet werden.

Wer bleibt denn noch zu Haus?

Ein Spiel zur Ferienzeit

Kinder verreisen gern. Viele Erlebnisse, neue Eindrücke und Spielgefährten – das weckt bei den Kindern Vorfreude und Abenteuerlust. Und wenn die kleinen und großen Tiere es vormachen, werden Fantasie und Spielfreude geweckt.

Rollen
Erzähler
Viele kleine Tierkinder

Vorbereitung
Die Tierkinder werden verkleidet (z. B. Stirnbänder mit entsprechenden Ohren, rote, gelbe und braune Strumpfhosen, Flügel aus Pappe) und die Tierbewegungen werden pantomimisch ausprobiert. Ein paar Rucksäcke liegen auf der Bühne bzw. in der Kreismitte bereit.

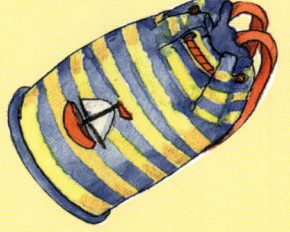

Durchführung
Nacheinander bewegen sich die Tiere in die Kreismitte und stellen ihre Reisewünsche vor. Am Schluss wird das Reisegepäck geschultert und die Tiere ziehen in langer Polonaise aus dem Kreis heraus.

Erzähler

Wenn der Sommer kommt, dann freuen sich
die Kinder, dass sie im Freien spielen, im
Wasser planschen und verreisen können. In
diesem Spiel wollen wir euch zeigen, dass
auch viele Tiere in den Sommertagen Reise-
lust bekommen.

Alle singen das Reiselied

Melodie: Ein Vogel wollte Hochzeit machen
Hurra, nun geht es endlich los,
die Freude ist schon riesengroß.
In die Welt hinein, was kann schöner sein.
Sag, wer bleibt denn noch zu Haus?

Es locken Meer und auch der Strand,
die Berge und der weiche Sand.
In die Welt hinein, was kann schöner sein.
Sag, wer bleibt denn noch zu Haus?

Hase hoppelt heran

Der Klee will mir hier nicht mehr schmecken,
ich möcht 'ne neue Wiese entdecken.
Auch Hasen haben 'mal Ferienzeit,
und unsre Welt ist groß und weit.

Eichhörnchen springt umher

Ich kenn' hier alle Eichen und Buchen,
ich muss mir neue Bäume suchen.
Dort spring ich und zeig euch meinen Tanz
mit meinem feuerroten Schwanz.

Mäuse trippeln herein

Ich bin die kleine Trippelmaus,
ich suche mir ein neues Haus.
Und meine Kinder hier, ja die nehm ich mit.
Mir nach – mit schnellem Trippelschritt!

Ente kommt angewatschelt

Nun watschle ich tagein, tagaus
um Entenstall und Hühnerhaus.
Was wird's am See wohl alles geben?
Ich will neue Abenteuer erleben.

Alle

Ihr Tiere, es ist Wanderszeit,
sind eure Rucksäcke bereit?

Hahn stolziert und schlägt mit den Flügeln

Nun kräh ich hier jahraus, jahrein,
ich möcht' gern mal woanders sein.
Ich spreiz die Flügel, fliege los.
Die Welt ist bunt und weit und groß.

Schmetterling flattert sanft mit den Flügeln

Seht meine zarten Flügel an,
wie ich im Sonnenlicht flattern kann.
Doch will ich hier nicht länger warten.
Ich such' mir einen neuen Garten!

Storch stakst umher

Klipper – klapper, klipper – horch!
Ja, ich bin der stolze Storch!
Und mit meinen roten Strümpfen
such' ich nach neuen Seen und Sümpfen.

Eichhörnchen

Wir haben genug in Rucksack und Taschen,
die Nüsse, Salat und die Limoflaschen.
Auch Süßes für die Knabbermaus.
Adieu, wir ziehn in die Welt hinaus!

Die Tiere nehmen die Rucksäcke auf, gehen
hintereinander im Kreis und alle singen noch
einmal das Reiselied vom Anfang des Spiels.

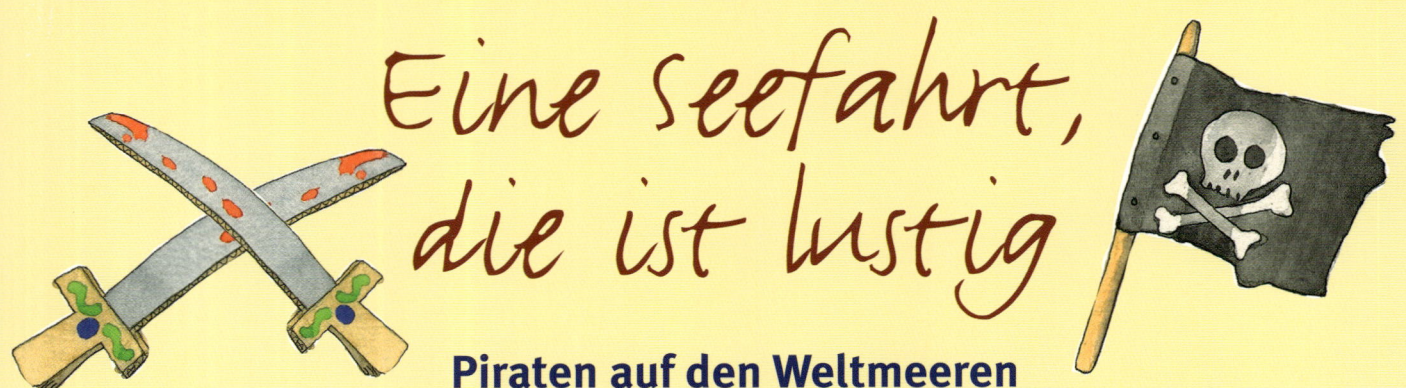

Eine seefahrt, die ist lustig

Piraten auf den Weltmeeren

Das ganze Jahr über, besonders aber in der Karnevals- und Sommerzeit finden Kinder es verlockend, als wilde Piraten zu agieren. Nicht nur die Jungen können Fantasie und Spielfreude dabei entwickeln, auch Mädchen schlüpfen gern in die Rolle von mutigen Piratinnen.

Rollen
Erzähler
Größere Kindergruppe

Vorbereitung
Die Kinder können aus großen Kartons (Waschmittel- oder Fernsehkartons), aus denen der Boden herausgenommen wurde, ihre Piratenschiffe fantasievoll gestalten und bemalen. Dazu gehören auch viele Utensilien wie Piratenwimpel, Schatzkarten, Säbel, Enterbeil, Schatzkiste, Spaten, Augenklappe, Piratenhut etc.

Wenn an den Schiffswänden Haltegriffe angebracht sind, fällt es den Kindern leichter, mit dem Schiff herumzuziehen.
Falls nur wenige Kinder mitspielen, genügen ein oder zwei Piratenschiffe.

Durchführung
Die Eltern und Kinder können zu Beginn das bekannte Lied: „Eine Seefahrt, die ist lustig" mitsingen. Dabei ziehen die Schiffe langsam im Kreis herum oder auf der Bühne entlang. Der „Schiffsrumpf" sollte dabei so hoch sein, dass die Füße der Matrosen so wenig wie möglich zu sehen sind.
Wind-, Sturm- und Wellengeräusche vom Kassettenrekorder schaffen eine echte Meeresatmosphäre. Einige Kinder können das Wellenrauschen auf dem Xylophon nachahmen.

Erzähler
Heute fahren unsere Piraten auf das weite Meer hinaus. Sie winken noch einmal zurück. Aber in Gedanken sind sie schon weit draußen auf den Wellen und freuen sich auf die neuen Abenteuer, die sie erleben werden.

Erstes Schiff

1. Pirat

Wir fahren auf dem weiten Meer,
und unser Schiff tanzt hin und her.
(Schaukelbewegungen machen.)

2. Pirat

Wir segeln schneller weit hinaus,
heut treibt kein Heimweh uns nach Haus.

3. Pirat

Wir fürchten nicht das weite Meer,
schon schwimmen Haie um uns her.
(Etwas ängstlich nach unten zeigen.)

4. Pirat

Noch einmal winken wir zurück (alle Kinder)
und vorwärts geht's mit Seemannsglück.

Das erste Schiff verschwindet.
Eine weitere Strophe von „Eine Seefahrt, die
ist lustig" wird gesungen.

Zweites Schiff

1. Pirat

Bestaunt nun unser starkes Schiff!
Es fährt vorbei an Fels und Riff.

2. Pirat

Wir sind die mutigen Piraten,
bei uns gibt's Spaß und tolle Taten.

3. Pirat

Und draußen auf dem wogenden Meer,
da bleiben Teller und Krüge nicht leer.

4. Pirat

Wir sind als Seeräuber bekannt,
gefürchtet ist Käpt'n Hakenhand.

Das zweite Schiff verschwindet.
Eine weitere Strophe von „Eine Seefahrt, die ist
lustig" wird gesungen.

Drittes Schiff

1. Pirat

Wir holen unser Fernrohr her.
Wo liegt die Insel weit im Meer?

2. Pirat

Bald wollen wir vor Anker gehen,
ob wir wohl Palmen und Affen sehn?

3. Pirat

Die schönsten Schätze woll'n wir heben,
das gibt ein tolles Piratenleben!

4. Pirat

Ein Feuer wird dort angefacht,
dann feiern wir bei Tag und Nacht.

Das Schiff verschwindet.
Eine weitere Strophe von „Eine Seefahrt,
die ist lustig" wird gesungen.

Viertes Schiff

Die Verse der letzten Piraten können auf
die Melodie „Eine Seefahrt, die ist lustig"
mitgesummt werden.

1. Pirat

Seht, wir setzen unsre Segel.
Hoch den Anker, schnell an Bord!
Unsre Seefahrt, die wird lustig,
und schon treibt das Schifflein fort.

2. Pirat

Und wir schwingen unsre Säbel
und das lange, dicke Seil.
Macht bereit die Enterhaken
und das scharf geschliffne Beil.

3. Pirat

Holt die Spaten und die Eimer!
Seht ihr schon den Inselstrand?
Unser Käpt'n springt bald mutig
auf das unbekannte Land.

4. Pirat

Und wir suchen und wir graben
immer tiefer in dem Land.
Wo schon mancher Gold und Silber
und Dukatenschätze fand.

Alle Schiffe tauchen auf und die Piraten singen:
Jeden Tag gibt's Abenteuer,
Wellen, Wind und Sturmgebraus.
Nur wenn wir 'ne Limo wollen,
fahren wir mal schnell nach Haus!

Zum Schluss werden den Piraten Limoflaschen
gereicht, es gibt ein lustiges „Trinkgelage".

Wer sitzt in meinem Häuschen?

Die Geschichte von einem schrecklichen Untier

Diese kleine Tiergeschichte bietet spannende und überraschende Effekte. Sie ist geeignet, Ängste abzubauen, wenn die Kinder erleben, dass eine kleine Maus sich den Anschein eines riesengroßen Untiers geben kann. Durch Wortwiederholungen ist das Stück leicht nachzuspielen.

mehrere Kinder dar, die unter einem großen, grünen Tuch stecken und einen Drachenkopf aus Pappe tragen. Das Haus des Hasen kann aus einem großen Fernsehkarton gebaut werden, in den eine Tür geschnitten ist. Die verschiedenen Tierbewegungen müssen vorher ausdrucksstark geprobt werden. Ein selbst gebastelter Papptrichter (Flüstertüten) verstärkt die Mäusestimme.

Durchführung

Das Hasenhaus steht in der Mitte der Bühne oder des Spielkreises. Das Mäusekind hat sich schon vor dem Spiel im Haus versteckt. Die Tiere agieren vor dem Häuschen. Wenn der Frosch auftritt, fordert der Sprecher alle Zuschauer auf, Wasser- und Windgeräusche zu machen. Das Donnergrollen kann mit Stampfen auf den Boden erzeugt werden. Ideal ist es, wenn sich der Raum etwas verdunkeln lässt und etwa mit einer starken Taschenlampe Lichtblitze angedeutet werden können. Am Ende des Stücks wird es wieder hell, fröhliche Musik wird eingespielt und die Spieler und Zuschauer tanzen um das Hasenhaus.

Rollen

Erzähler
Hase
Mehrere Mäuse
Löwe
Elefant
Drache
Frosch

Vorbereitung

Die Kinder können Tiermasken bzw. Mäuse-, Hasen- und Elefantenohren und Umhänge in passenden Farben tragen, außerdem können sie etwa mit einer Löwenmähne oder Froschfüßen ausgestattet sein. Den Drachen stellen

Erzähler

Tief im Wald hatte sich ein Hase ein gemütliches Haus gebaut. Er legte sich gern auf die weichen Moosbetten und knabberte genüsslich Möhren und Salat. Eines Tages aber fand er die Tür seines Häuschens verschlossen vor.

Hase pocht an die Tür

O weh, wie kann denn das nur sein?
Ich komm nicht in mein Haus hinein.
Verschlossen ist die Tür.
O – hockt drin ein liebes Tier?

Maus mit Verstärkung der „Flüstertüte"

Ein liebes Tier – da muss ich lachen.
Ich reiß zu Boden jeden Drachen.
Ich töte auch den größten Feind,
wenn er vor meinem Haus erscheint.

Hase

O weh, o weh, was ist geschehn,
Ich muss mir Hilfe suchen gehn.
Du starker Löwe, komm doch her
Mit deinen Pranken groß und schwer.
Du wirst das Untier schnell verjagen.
Du kennst kein Zittern und kein Zagen.

Löwe

Wer wohnt in meines Freundes Haus,
Du böses Tier, so komm heraus!

Maus

Du bist ein eitles dummes Tier,
Pack' dich nur eilends fort von hier.
Ich hol' mein Zauberbuch heraus
und mach' dich klein – wie eine Maus.

Löwe

O weh – ich schleiche lieber fort,
es ist gefährlich dieser Ort.

Hase

Den Elefanten hol ich mir,
das ist das größte, stärkste Tier.

Elefant

Wer wohnt in meines Freundes Haus?
Du böses Tier, so komm heraus.

Maus

Du riesengroßes Rüsseltier,
nun stampfe eilends fort von hier.
Denn ich kann zaubern – abrakor! –
gleich kriechst als Schlange du hervor!

Elefant

O weh – ich stampfe lieber fort,
er ist gefährlich, dieser Ort.

Hase

Nun hilft nur noch der Feuerdrachen
mit seinem riesengroßen Rachen,
mit seinen Stacheln spitz und schwer.
O Drache, komm zur Hütte her!

Drache

Wer wohnt in meines Freundes Haus?
Du böses Untier, komm heraus!
Du lernst mein Drachenfeuer kennen,
wirst samt der Hütte gleich verbrennen.

Maus

Verschwinde rasch, du wilder Drachen,
dein Feuer soll dich selbst entfachen!
Ich rufe alle meine Geister,
denn ich bin hier – der Zaubermeister!!

Hase trauert

O weh – nun hilft mir keiner mehr!

Frosch hüpft heran

So wart, ich hüpfe zu dir her!
Hörst du von fern das Wasser rauschen?
(Wassergeräusche)
Den wilden Winden sollst du lauschen.
(Zuschauer pusten)
Die Blitze zucken, Donner kracht,
(Zuschauer stampfen)
und immer dunkler wird die Nacht.
Jetzt trommel laut ich an die Tür!
Heraus, heraus, du böses Tier.

Maus flüchtet mit anderen Mäusen

O Schreck, o weh, Gefahr, Gefahr!
So rettet euch, ihr Mäuseschar!
Lauft fort, so weit ihr laufen könnt.
Die Welt geht unter – weh – es brennt!

Hase

Hurra, hurra! Frei ist mein Haus
und fort die freche, böse Maus.
Hebt eure Beine, hebt den Schwanz,
macht alle mit beim großen Tanz.

Fröhliche Musik ertönt und Hase, Löwe,
Elefant, Drache und Frosch tanzen um
das Haus, die Zuschauer schließen
sich an.

Die Gartenzwerge machen Ferien

Ein Spiel für viele Zwergenkinder

Kleine Kinder sind fasziniert von den kleinen Männchen mit den langen Bärten und Zipfelmützen. Schneewittchen und die sieben Zwerge ist eines der beliebtesten Kindermärchen. Für Kinder ist das Tor zum Zwergenreich, dieser Wunderwelt kleiner Erdbewohner, weit offen. Nun sind die Gartenzwerge nicht unbedingt magische Figuren, aber die Kinder können sich in Gedanken und Wünsche dieser lustigen Kerlchen gut hineinversetzen.

Rollen
Viele kleine Gartenzwerge

Vorbereitung
Die Zwergenkinder sind mit Zipfelmützen, Gartenschürzen, Stiefeln und Gartengeräten (Eimer, Harke, Spaten, die zum Teil aus Pappe gebastelt werden können) ausgerüstet. Die Feriengarderobe sollte auch schon bereitliegen.

Durchführung
Während des Liedes ziehen die Gartenzwerge mit geschulterten Gartengeräten im Innenkreis herum. Die kleinen, trippelnden Zwergenschritte müssen vorher geübt werden. Wenn ein Zwerg seinen Zweizeiler aufsagt, kann er sich in die Kreismitte stellen und die entsprechenden Bewegungen machen. Am Schluss wird das Lied noch einmal gesungen und die Zwerge laufen mit großen, fröhlichen Schritten aus dem Kreis heraus.

Alle singen
Ein Zwerglein steht im Garten

Melodie: Ein Männlein steht im Walde

Ein Zwerglein steht im Garten
ganz still und stumm.
Es kann sich nicht bewegen,
schaut sich nicht um.
Doch in einer Sommernacht
ist das Zwerglein aufgewacht,
steht nicht mehr vor unserm Haus,
läuft in die Welt hinaus.

1. Gartenzwerg

Seht, ich bin das Zwerglein Klaus,
ich harke hier tagein, tagaus.

2. Gartenzwerg

Ich bin das Zwerglein Willibald,
mir ist bei Nacht die Nase kalt.

3. Gartenzwerg

Ich muss beim Fingerhut hier stehn
und möcht' so gern spazieren gehn.

4. Gartenzwerg

Ich muss nur immer graben, graben,
ich möchte auch mal Ferien haben.

5. Gartenzwerg

Die schweren Stiefel zieh ich aus,
wir laufen aus dem Garten raus.

6. Gartenzwerg

Ich mag die Zipfelmütze nicht,
die ist so heiß im Sonnenlicht.

7. Gartenzwerg

Den Rucksack her, den Stock und Hut,
ein Sommerhemd, das steht mir gut.

8. Gartenzwerg

Ich schmeiß' den Eimer in den Dreck,
nun hoch die Beine – nichts wie weg!

Alle Gartenzwerge

Jetzt los – das ist doch sonnenklar,
Wir finden Ferien wunderbar!
Einmal im Jahr!

Alle singen das Abschlusslied

Ein Zwerglein stand im Garten
ganz still und stumm.
Es konnt' sich nicht bewegen,
schaut' sich nicht um.
Doch in einer Sommernacht
ist das Zwerglein aufgewacht,
Steht nicht mehr vor unserm Haus,
läuft in die Welt hinaus.

Der Zuckertütenbaum

Zum Ende der Kindergartenzeit

Mit den älteren Kindern einer Gruppe werden schon einige Wochen vor Schulbeginn Schultüten gebastelt, denn das Thema „Schule" beschäftigt sie sehr. Auch die kleineren Kinder wollen in solche Vorbereitungen mit einbezogen werden. Im Anschluss an die Spielgeschichte vom Zuckertütenbaum können lange vor Schulbeginn Wünsche und Erwartungen auch der jüngeren Kinder aufgegriffen werden.

Rollen
Erzähler
Viele Kinder

Vorbereitung
Ein großer Zuckertütenbaum wird an die Tafel oder zusammen mit den Kindern auf Tapetenrollen gemalt. Außerdem werden kleine Schultüten von den älteren Kindern für die Kleinen gebastelt.

Durchführung
Die Kinder sitzen im Halbkreis vor dem Bild mit dem Zuckertütenbaum. Der Erzähler trägt die Reimgeschichte vor, die Kinder ergänzen das fehlende Reimwort. Das ist zugleich eine intensive Förderung der Sprachfähigkeit. Wenn die verschiedenen Tiere erwähnt werden, bewegen sich die Kinder der Tierart entsprechend. Am Schluss zaubert der Erzähler kleine Schultüten aus seiner Tasche hervor. Wenn das Spiel ein paar Mal wiederholt wird, haben alle Kinder kleine Schultüten erhalten.

Erzähler

Ihr glaubt es kaum, ihr glaubt es kaum,
ich sah einen Zuckertüten(baum).
Ganz weit, weit hinter sieben Bergen,
gebastelt von Zwi-Zwa-(Zwergen).
Die Zwerge haben Nacht für Nacht
die Zuckertüten treu (bewacht).
Die Eichhornbuben auf den Buchen,
die wollten die Nüsse und Kekse (versuchen).
Die Käfer krabbelten aus den Ritzen,
sie rochen wohl die süßen (Lakritzen).
Die Bienen schwirrten brumm, brumm,
brumm:
Hier duftet's! Fliegt her doch! (Summ, summ).

Und Beppo, unser Bärenkind,
das trottet durch den Wald (geschwind),
will von den süßen Sachen haschen,
will Gummibärchen und Brezel (naschen).
Da schicken die Zwerge Krix und Krax
dem Lehrer Kluge schnell ein (Fax).
„Komm schnell zum Tütenbaume her,
sonst sind die Zweige alle (leer)!"
Der Lehrer ruft: „Gesagt, getan,
bald fängt ja unsre Schule (an)!
Ich komme mit dem Rad geschwind
und hol die Tüten für jedes (Kind)!"
Hat alle Tüten abgepflückt,
nur eine hat er nicht er(blickt).
Die hab' ich abgeschnitten sacht
und hab' sie dir heut mitge(bracht).
Die ist ganz allein für dich gedacht!
Hast du sie schon aufge(macht)?
Aber schnell!

In der Hasenschule

Überraschung im Klassenzimmer

Im Spätsommer beginnt für die älteren Kindergartenkinder die Schule. Die Kinder kennen schon das Schulgebäude und den Schulweg von den Vorbereitungen und Tests zur Einschulung her. Aber ihre Wünsche und Vorstellungen kreisen schon lange vor Schulbeginn um den neuen Lebensabschnitt, der vor ihnen liegt. Ein kleines Spiel, das den Schulalltag in die Spielwelt der Hasen verlegt, kommt der Erwartungshaltung der Kinder entgegen.

Rollen
Erzähler
Hasenmutter
Viele Hasenkinder
Lehrer
Fuchs

Vorbereitung
Die Hasen tragen braune Pullis und braune Strumpfhosen, dazu ein Stirnband mit Hasenohren. Der Lehrer trägt eine dunkle Hose mit Hemd und Weste, eine große Pappbrille und einen Stock. Auf eine Kindertafel werden Hund und Fuchs gemalt.

Der Fuchs trägt rote Strumpfhosen, einen rot eingefärbten Fellrest als Schwanz und eine Halbmaske. Die beiden Schultüten für die Hasen Hips und Hops werden gemeinsam gebastelt. Vor dem Spiel werden mit allen Spielern die Kehrverse eingeübt.

Durchführung
Zunächst agieren die Hasenmutter und Hips und Hops auf der Bühne bzw. im Innenkreis. Sie werden vom schrillen Weckerläuten wach, waschen sich, lassen sich mit Möhren füttern, begutachten die Schultüten etc. – Dann tragen zwei Hasenkinder die Schultafel herein, der Lehrer stellt sich davor und erklärt das Tafelbild. Vorwitzig hoppeln die Hasenkinder um den Lehrer und die Tafel herum. – Dann schleicht von der anderen Seite der Fuchs herbei. Eine wilde Hetzjagd über Tische und Bänke beginnt. Die Hasen und der Lehrer verstecken sich im Außenkreis hinter den Stühlen und schauen mit wütenden Gesichtern zu, wie sich der Fuchs über die Schultüten hermacht.

Diese Hasengeschichte lässt sich nicht nur als Bewegungsspiel, sondern auch als Tischtheater aufführen. Dabei agieren die Kinder mit selbst gebastelten Figuren auf einer großen Tischplatte, die mit Moos, Zapfen, kleinen Zweigen auf Knetgummi zu einer Wald- und Wiesenlandschaft geschmückt ist.

Häschen Hips und Häschen Hops
– Hollahi ...
rufen: „Erst mal Frühstück her!
Ist die Schultüte auch da?
 Voll mit Eiern, groß und schwer?"

Kehrvers
 Heute wird ...

 Hips und Hops hüpfen mit ihren Schultüten im Kreis.

Häschen Hips und Häschen Hops
– Hollahi ...
hippeln, hoppeln ganz geschwind
durch das Kohlfeld, durch den Klee,
auf die Wiese wie der Wind.

Kehrvers
 Heute wird ...

Hasenlehrer Max zeigt auf die Tafel.

 Lehrer Max, der hebt den Stock, – Hollahi ...
 Die Hasen sind still auf dem Sitz.
 „Wer ist unser größter Feind?"
 fragt er. Hei, das weiß der Hips.

Kehrvers
 Heute wird ...

Hase Hips springt auf.

 „Fuchs und Hund!", so schreit er laut.
 – Hollahi ...
 „Ja – seht sie euch ruhig an!"
 „Hu – die sind bloß aufgemalt!",
 ruft der Hips, so laut er kann.

Der Erzähler trägt den Reimtext vor
Melodie: Horch, was kommt von draußen rein
 Hört, der Wecker hat geschrillt! – Hollahi,
 holaho!
 Hips und Hops, ihr seid schon groß! – Hola-
 hiaho!
 Ohren waschen und den Bart! – Hollahi,
 holaho!
 Heute geht's zur Schule los! – Holahiaho!

Hips und Hops wachen auf.

Kehrvers
 Heute wird getobt, gelacht
 – Hollahi, holaho!
 und ganz viel Klamauk gemacht!

Die Hasenmutter gibt Hips und Hops ihre
Schultüten.

Heute wird …

Alle Hasenkinder tanzen um die Tafel.

„Immer um die beiden rum! – Hollahi …
Kommt – wir hoppeln alle los!"
O – sie flitzen wie der Wind,
und der Spaß ist riesengroß!

Kehrvers
Heute wird …

Hasenlehrer Max zeigt auf den Fuchs, der
heranschleicht.

Lehrer Max, der holt den Stock. – Hollahi …
„Jetzt wird's ernst, so seht euch vor!
Weh – der rote Räuber kommt!"
O, da springen sie empor!

Kehrvers
Hu – jetzt wird nicht mehr gelacht –
Hollahi, holaho!
und nicht mehr Klamauk gemacht! –
Holahiaho!

Die Hasenkinder flüchten.

Häschen Hips und Häschen Hops,
– Hollahi …
all die andern, Tom und Till
schlagen Haken wie der Blitz,
in der Schule wird es still.

Kehrvers
Hu – jetzt wird nicht mehr …

Der Fuchs plündert die Schultüten.

Und der rote Räuber leckt – Hollahi …
sich die Schnauze – wie gemein!
„In den Schultüten wird wohl
noch für mich was übrig sein!"

Kehrvers
Hu – jetzt wird nicht mehr …

Die Hasenkinder beobachten den Fuchs.

Hips und Hops und Lehrer Max – Hollahi …
sitzen tief im Korn versteckt.
„Seht, der Fuchs hat – wie gemein! –
unsre Eier aufgeschleckt!"

„Besser als ein Hasenschwanz!" – Hollahi …
flüstert Max, „doch seid jetzt still!"
„Morgen woll'n wir fleißig sein!",
flüstern Hips und Hops und Till.

Der Fuchs verschwindet, die Hasenkinder und
der Lehrer tanzen im Kreis.

Schlussvers
Morgen wird getobt, gelacht
und noch mehr Klamauk gemacht.
In der Schule so um 10!
Kommt doch hin! Dann sollt ihr's sehn!

36

Das kleine, ängstliche Eulenkind

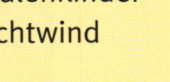

Vom Überwinden der Angst

„Mami, lass die Tür einen Spalt offen. Sonst ist es so dunkel und ich kann nicht einschlafen!" – So hören wir es oft von den Kindern. Wir sollten solche Kinderängste nicht verdrängen, sondern aufnehmen und in Liedern und Geschichten verarbeiten, damit sie nicht ins Unbewusste abgleiten und Unsicherheiten oder gar seelische Störungen bei den Kindern hervorrufen.

Rollen
Erzähler
Eulenmutter
3 Eulenkinder
Nachtwind

Vorbereitung:
Für die Eulenwohnung wird ein grau bemalter Karton mit einem Einschlupfloch angefertigt. Die Eulenfamilie kann Ponchos aus grauem Rupfen und Halbmasken tragen. Der Wind trägt einen großen, schwebenden Umhang aus durchsichtigem Tüllstoff. Vor dem Spiel werden die lautlosen Flügelschläge der Eulen und das zarte Wehen des Windes ausprobiert.

Durchführung
Mithilfe wechselnder Beleuchtung kann der Unterschied zwischen Tag und Nacht deutlich werden. Es kann aber auch eine Sonne und ein Mond gebastelt und an einem Stock befestigt werden. Je nach Tages- oder Nachtzeit steht ein Kind mit der Sonne oder dem Mond neben der Szenerie. Die Eulenfamilie hockt zu Anfang im „Astloch", dann schlüpft zunächst die Eulenmutter heraus und lockt die älteren zwei Eulenkinder, während Federbüschlein nur ganz ängstlich den Kopf herausstreckt.

Erzähler

Ganz dunkel ist es im Wald. Die Eulenmutter hat oben in einem Astloch ihr Nest gebaut. Drei Eulenkinder sind aus den Eiern geschlüpft. Zwei davon sind mutige Nachteulen geworden. Sie können es kaum erwarten, sich in die Nacht hinauszuschwingen. Der Mond geht auf und die Eulenmutter ruft ihre Kinder.

Eulenmutter

Kleine Eulen, kommt heraus, hu – hu, hu – hu,
seht, der Mond steigt übers Haus, hu – hu, hu – hu.
Kleine Eulen, aufgewacht, hu – hu, hu – hu, nun beginnt die dunkle Nacht, hu – hu, hu – hu.

Erzähler

Da stecken schon zwei Eulenkinder ihre spitzen Schnäbel aus dem Nestloch heraus und rufen:

Die beiden Jungeulen fliegen los

Wir fliegen in die dunkle Nacht,
die Maus, der Käfer sind erwacht.
Wir schweben los,
die Welt ist groß,
Unser Tisch ist reich gedeckt.

Eulenmutter lockt das Jüngste

Federbüschlein, komm heraus
aus dem dunklen Eulenhaus.
Es weht so weich der warme Wind
und wartet auf mein Eulenkind.

Nachtwind schwebt umher

Der Wind, der Wind, das himmlische Kind,
der weht jetzt um die Bäume geschwind.
Du Eulenkind, wie kannst du träumen,
Du wirst die schönste Nacht versäumen.

Federbüschlein jammert

Nein, nein, ich bin noch viel zu klein.
Ich kuschel mich ins Nest hinein.
So kalt und dunkel ist die Nacht,
hat mir schon lange Angst gemacht.

Nachtwind

Das Glühwürmchen funkelt mit seiner Laterne,
es leuchten am Himmel so golden die Sterne.
Die Nachtigall singt schon ihre Lieder,
und ich streichel sanft nun dein Gefieder.

Federbüschlein wagt sich heraus

Ich muss es wagen diese Nacht,
die Mutter hat nichts zu essen gebracht.
Dort bei den Linden, bei den Buchen
will ich mir was zu essen suchen.

Erzähler

Und so ist es gekommen, dass Federbüschlein hinaus in die Nacht geflogen ist und dabei hat es geheult:

Federbüschlein

Hu – welch wunderbarer Duft
in der milden Sommerluft!
Mäuse, Würmer, fette Schnecken
werd' ich heute Nacht entdecken.
Glühwürmchen zünden die Lichter an,
es hüpft ganz hoch der Heuschreckmann.
Ich bleib' nicht mehr im Eulenhaus!
Ich flieg jetzt jede Nacht hinaus!

Nachtwind

Das wird für dich ein tolles Fest,
erst morgen früh geht's heim ins Nest!

Ein Kind trägt an einem langen Stab eine große Sonne im Kreis herum.

Eulenmutter

Nun kommt ihr Kinder ins Eulenhaus,
da schlafen wir den Sonnentag aus.

Die drei Eulenkinder flattern zurück ins Eulenhaus.

Federbüschlein streckt noch einmal den Kopf heraus

Doch steigt der Mond still übers Haus,
geht's wieder in die Nacht hinaus!

39

Die Erde beschenkt uns reich

Ein Erntedank-Spiel

Das Erntedankfest bietet Anlass, mit den Kindern die vielen Früchte in Feldern und Gärten zu bestaunen und dafür zu danken. Wenn wir uns freuen an der reichen Ernte des Herbstes, sollten wir auch nicht vergessen, dass alle diese Gaben nicht selbstverständlich sind. So bietet sich ein kleines Spiel zur Erntedankzeit auch als eine Alternative zu Martinsspielen an, bei denen das Teilen und Helfen im Vordergrund steht.

Rollen
Der Text kann je nach Anzahl der Kinder aufgeteilt werden

Vorbereitung
Der Raum ist mit herbstlichen Motiven geschmückt. Die Fenster können mit Blättern und Früchten bemalt werden. Getrocknete Blätter in verschiedenen Farben und Formen werden aufgefädelt und quer durch den Raum gespannt. Selbst gebastelte Papierdrachen hängen an den Wänden. Sonnenblumen und bunte Herbststräuße geben leuchtende Farbeffekte. Aus Pappe werden Erntebäume und -sträucher hergestellt, die mit Trauben, Äpfeln und anderen Früchten behängt werden können. Diese Erntebäume können auch mit bunten Farben auf Papierbahnen (Tapetenrückseite) gemalt werden. In der Kreismitte steht ein Tisch mit einem farblich passenden Tuch.

Durchführung
Zu Beginn tragen einige Kinder Körbe voll Laub in die Kreismitte. Sie werfen das Laub hoch und spielen damit. Andere Kinder lassen kleine Papierdrachen fliegen. Die übrigen Mitspieler und Zuschauer singen dabei gemeinsam das Windlied, wobei kräftig gepustet wird.

Alle singen

Melodie: Horch, was kommt von draußen rein

Horch, was kommt von draußen rein,
hui und ho, hui und ho,
das kann nur der Herbstwind sein,
hui ja hui ja ho.
treibt die Blätter immer mehr, hui und ho,
hui und ho,
holt nun eure Drachen her! Hui ja hui ja ho.

Herbst, wir haben dich so gern,
hui und ho ...
Früchte reifen, nah und fern.
Für die Ernte danken wir,
und zum Fest sind alle hier.

1. Kind

Wind, du bläst die Backen auf,
sause, sause Wind.
Rüttelst an den Fensterscheiben,
Sag, was jagst du so geschwind?

2. Kind

Du reißt reife Früchte ab,
schenkst uns Nüsse, lieber Wind.
Äpfel, Birnen und Kastanien,
und wir holen sie geschwind.

Nacheinander bringen die Kinder die Früchte
und legen sie auf den Erntetisch.

3. Kind

Seht, ich bring Kartoffeln her,
dieser Korb, der ist ganz schwer.

4. Kind

Rüben hab' ich ausgegraben,
wollt ihr rote Beete haben?

5. Kind

Weißen, roten Kohl ganz frisch,
den leg ich auf diesen Tisch.

6. Kind

Salat und Gurken, fri-
schen Lauch,
dazu die Petersilie auch.

7. Kind

Die Bienen sammeln Honig in
Waben
und schenken uns so reiche
Gaben.

8. Kind

Ich bring einen Sack mit Korn herbei,
auch viele Brote und guten Brei.

Die Erntebäume werden hereingetragen.

9. Kind

Wir tragen die Erntebäume herein
mit Sonnenblumen und Trauben vom Wein.

10. Kind

Mein Baum ist mit Ähren schön besteckt.
Habt ihr auch Rettich und Mais entdeckt?

11. Kind

Wir schmücken nun
den Gabentisch
mit Früchten aus Feld und Garten frisch.

12. Kind

Wir wollen Gott danken für alle
Gaben,
die wir von ihm empfangen haben.

Die Kinder bilden einen Kreis, halten
sich an den Händen und umrunden
den Erntetisch.

Gemeinsames Lied
Melodie: Meister Jakob
Und wir singen und wir danken
in der Stadt, auf dem Land.
Alle diese Gaben, alle diese Gaben
die schenkt uns Gottes Hand.

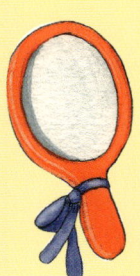

spiegel-spielereien

Ein Pantomime-Partnerspiel

Pantomimen, bei denen Situationen, Tiere oder auch Gefühle dargestellt werden sollen, sind bei Kindern sehr beliebt. Sie erfordern eine gute Beobachtungsgabe und genaue Darstellungsfähigkeit. Diese Form des Spiels lockt auch eher zurückgezogene Kinder zu freier Gestaltung, weil sie keine Sprechrollen bewältigen müssen. Das Spiel sollte behutsam herausfordern und keinen Wettkampfcharakter haben. Es geht nicht darum, wer eine Rolle am besten darstellt, sondern um die individuellen Ausdrucksweisen jedes Kindes. Besonders Spaß macht den Kindern das Spiel, wenn sie das Thema kreativ fortführen und fantasievoll verändern können.

Rollen

Erzähler
Viele Kinder

Vorbereitung
Die Kinder werden vor dem Spiel mit der Technik der Pantomime bekannt gemacht. Alle stehen im Kreis und der Spielleiter ruft ihnen Namen von Tieren und Personen zu, die sie pantomimisch darzustellen versuchen.
Stellt euch vor, ihr seid ein Piratenkapitän.
Stellt euch vor, ihr seid eine Hexe mit dem Zauberbesen.
Stellt euch vor, ihr seid ein Zwerg.
Stellt euch vor, ihr seid das Gespenst Kuno von Kunersdorf.
Stellt euch vor, ihr seid der Osterhase.
Stellt euch vor, ihr seid ein Kater.
Die Kinder schauen voneinander verschiedene Darstellungsweisen und Bewegungsmuster ab und entwickeln so ein Repertoire, das sie in weiteren Pantomime-Spielen einsetzen können.

Durchführung
Zunächst sitzen alle Kinder im Kreis, halten einen gedachten Spiegel in der Hand und singen gemeinsam das Spiegellied.

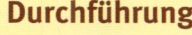

Spiegellied

Melodie: Ein Männlein steht im Walde

Seht her, ich hab' den Spiegel in meiner
Hand.
Wer ist denn wohl der Schönste im ganzen
Land?
Liebes Spieglein, schau mich an,
was ein jedes Kind hier kann.
Spieglein, Spieglein, an der Wand,
wir sind im Spiegelland.

Nun treten einige Paare in die Kreismitte
und stellen sich gegenüber. Dann spricht der
Spielleiter langsam Vers für Vers. Der eine
Partner agiert textgemäß, während der andere versucht, die Bewegungen spiegelbildlich
nachzuspielen.

Erzähler

Ich bin ganz klein,
was ist nun los!
Ich wachse, wachse,
werde groß.

Ich hol' den Schwamm,
genau wie du.
Nun sind wir sauber
hui – im Nu.

Ich zieh mir Schuh
und Strümpfe an.
Mal sehn, wer das
am schnellsten kann.

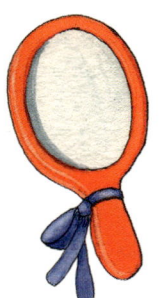

Ich zieh mir Hos'
und Pulli an.
Mal sehn, wer das
am besten kann.

Ich hol' den Kamm
und kämm mich fein.
Dann schau ich in
den Spiegel rein.

Nun hüpf' ich hoch
und klatsch dabei.
Mein Spiegel hüpft
auch, 1 – 2 – 3.

Das Spiel ist aus,
nun träume du.
Wir schlafen ein.
Recht gute Ruh.

Am Schluss des Spiels singen alle im Kreis die
Schlussstrophe, die ein weiteres Paar zum
erneuten Spiel auffordert.

Alle singen

Das haben alle Kinder ganz wunderschön
gemacht.
Wir haben alle zugeschaut, getanzt,
geklatscht, gelacht.
Liebes Spieglein, schau uns an,
denn jetzt sind auch andre dran.
Spieglein, Spieglein an der Wand,
wir sind im Spiegelland.

Heut bin ich Doktor schnellgesund

Kleines Kreisspiel mit Kuscheltieren und dem Doktorkoffer

Viele Kinder wünschen sich zum Geburtstag einen Doktorkoffer mit all den spannenden Utensilien wie Hörrohr, Thermometer, Wattestäbchen usw. Begeistert verarzten sie damit ihre Kuscheltiere und Puppen. Das kleine Spiel kann den Kindern über die Angst vor kleineren Krankheiten oder die Furcht vor einem Arztbesuch hinweghelfen.

Rollen

Doktor
Mehrere Kinder mit ihren Kuscheltieren

Vorbereitung
Im Kinderkreis wird über die Erfahrung mit verschiedenen Krankheiten gesprochen. Der Text wird als Lied gelernt und mehrmals als Reimspiel wiederholt, sodass fast alle Kinder den Text mühelos beherrschen.

Durchführung
Die Kinder sitzen im Stuhlkreis. Jedes Kind hat ein Kuscheltier bzw. eine Puppe und verschiedene Utensilien aus dem Doktorkoffer auf dem Schoß. Nacheinander stellen die Kinder ihre kranken Patienten mit den entsprechenden Zweizeilern vor. Der Doktor wird von einem Kind mit weißem Kittel dargestellt. Er geht von Patient zu Patient, fühlt den Puls, schüttelt den Kopf und verabreicht den Kuscheltieren und Puppen pantomimisch oder mit den bereitliegenden Utensilien die verschiedenen Behandlungen. Nach der letzten Strophe ziehen die Kinder gemeinsam mit ihren gesunden Patienten fröhlich im Kreis herum und singen das Abschlusslied.
Wie das Abschlusslied können auch die Strophen auf die Melodie des Liedes „Fuchs, du hast die Gans gestohlen" gesungen werden!

1. Kind

Die Giraffe hat heut Halsweh,
und die Schlange auch.

2. Kind

O – der dicken Wackelente
tut ganz weh der Bauch.

3. Kind

Kasper lässt die Mütze hängen,
Gretel niest wie nie.

4. Kind

Und sogar der Oberteufel
schreit ganz laut: Hatschi!

5. Kind

Unsre gelbe Tigerkatze
schleicht ganz stumm daher.

6. Kind

Auch mein liebes Teddybärlein
brummt heut gar nicht mehr.

7. Kind

Komm – wir spielen heute Doktor,
hol den Koffer her!

8. Kind

Spritze, Hörrohr, Thermometer,
Puder und noch mehr.

9. Kind

Für die Ohren Wattestäbchen,
Spatel für den Mund.

10. Kind

Kasper, Krokodil und Katze,
bald sind sie gesund.

11. Kind

In die Spritze kommt das Wasser
mit Kamillentee.

12. Kind

Und das Schwein bekommt ein Pflaster,
bald tut nichts mehr weh.

13. Kind

Doktor, wie hoch ist die Rechnung?
Was bezahl ich dir?

14. Kind

Das macht 20 Gummibärchen,
und die schenkst du mir!

Gemeinsames Abschlusslied
Melodie: Fuchs, du hast die Gans gestohlen
Allen unsern Patienten
geht es wieder gut.
Alle unsre Kinder
haben frohen Mut.

Alle Schnupfenteufel
jagen wir heut raus.
Und wir spielen froh und frei
in unserm Kinderhaus.

Die Wichtel in den Häuschen

Ein Spiel zur Adventszeit

Häuser, Höhlen, Nischen sind für Kinder immer wieder faszinierend. Sie können sich darin verstecken, sich entspannen und geborgen fühlen. Sie können mal allein sein oder mit einem anderen Kind ungestört spielen. Dieses kleine Spiel kann im Rahmen einer weihnachtlichen Feierstunde mit den Eltern aufgeführt werden.

Vorbereitung

In der Adventszeit bauen die Kinder aus großen Kartons viele kleine Wichtelhäuser. Die Häuser haben Türen und Fenster und werden mit Tannenzweigen, weihnachtlichem Geschenkpapier, Sternen, Lebkuchenfiguren, Herzen aus bemaltem Tonpapier etc. geschmückt. Die Kinder können mit verschiedenen Utensilien ausgestattet werden und die Dinge beim Aufsagen der Verse vorzeigen.

Durchführung

Zum Spielbeginn ziehen die Wichtelkinder mit einem Weihnachtslied um die Häuser herum. Dann sucht sich jedes Wichtelkind sein Häuschen und guckt aus der Tür oder dem Fenster heraus, wenn es seine Verse spricht.

Rollen

Viele kleine Wichtelkinder

Gemeinsames Lied

Melodie: Lasst uns froh und munter sein

Kommt, wir laden alle ein,
im Wichtelhaus zu Gast zu sein.
Und im dunklen Winterwald
machen wir bei unserm Häuschen halt.

Und wir freuen uns alle sehr,
Häuserbauen, das ist nicht schwer.
Gucken wir zum Fenster raus,
warten auf den Nikolaus.

Jeder kriecht ins Häuschen rein,
Wichtel müssen fleißig sein.
Und wir schaffen immerzu,
Wichtel kennen keine Ruh.

1. Wichtel

Seht mich kleinen Wichtel an,
ich strick' eine Mütze, so gut ich kann.

2. Wichtel

Ich näh' dem Teddy die Ohren fest,
dann polster ich der Schlafmaus ihr Nest.

3. Wichtel

Ich bin ein fleißiger Puppenschneider,
ich näh' den Puppen neue Kleider.

4. Wichtel

Ich rühre den Teig für die Kekse geschwind,
wo nur die Nüsse geblieben sind?

5. Wichtel

Ich bin auch ein fleißiger Kuchenbäcker,
die Zimtsterne schmecken auch ganz
bestimmt lecker.

6. Wichtel

Ich ziehe schnell die Bleche heraus,
ich backe ein großes Hexenhaus.

7. Wichtel

Ich bau eine lange Eisenbahn,
die schnaufend und tutend im Kreis fahren
kann.

8. Wichtel

Jetzt machen wir Türen und Fenster zu.
Die Wichtelkinder brauchen Ruh.

Alle Wichtel verschwinden in ihren Häuschen,
der letzte sagt noch:

9. Wichtel

Wir sehen die Sterne im Glitzerschein,
nun schlafen die fleißigen Wichtel ein.

1. Wichtel schaut nach kurzer Pause aus seinem Häuschen

Und wenn die helle Sonne aufgeht,
ein jeder Wichtel vor der Türe steht.

Die Wichtel kommen aus ihren
Häuschen und gehen im Kreis.

Alle

Wir ziehen noch einmal
von Haus zu Haus.
Und dann kommt viel-
leicht – der Nikolaus.

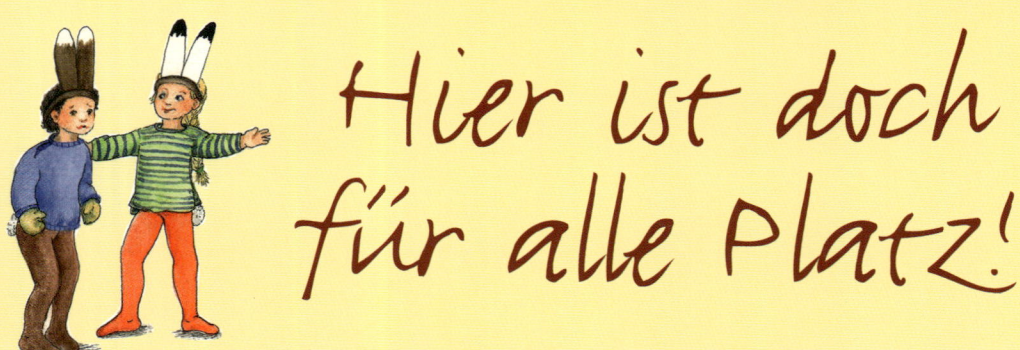

Hier ist doch für alle Platz!

Flucht und Aufnahme einer Kaninchenfamilie

Dieses kleine Darstellungsspiel bietet eine gute Möglichkeit, das Thema Vertreibung, Fremdheit und Aufnahme an einem Beispiel aus dem Tierreich anschaulich umzusetzen.

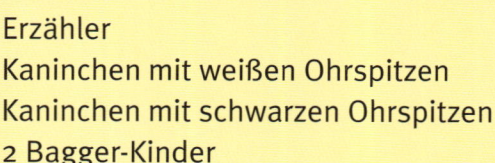

Rollen
Erzähler
Kaninchen mit weißen Ohrspitzen
Kaninchen mit schwarzen Ohrspitzen
2 Bagger-Kinder

Vorbereitung
Die Kinder basteln Stirnbänder mit Kaninchenohren aus Pappe. Die Kaninchenohren werden braun bemalt, lediglich bei den Ohrspitzen besteht ein Unterschied: Ein Teil von ihnen wird schwarz bemalt, der andere weiß. Das „Untier", ein Bagger, besteht aus einem großen, bemalten Pappkarton. Er bekommt eine Schaufel aus Pappe und helle Scheinwerfer aufgemalt.

Vor dem Spiel macht der Erzähler die Kinder mit dem Text bekannt. Er lässt sie beim Vorsprechen mehrmals das entsprechende Reimwort finden. Größere Kinder können die entsprechenden Passagen des Textes auf die bekannte Melodie von „Zehn kleine Negerlein" singen. Einige Rhythmus-Instrumente, die das Rattern des Baggers und das Hoppeln der Kaninchen verklanglichen, können eingesetzt werden.

Durchführung
Die Kinder sitzen in zwei Gruppen an einander gegenüberliegenden Seiten der Spielfläche. Zwei Kinder bedienen den Bagger, der sich unter großem Getöse (Instrumente) nähert. Die Weißohren-Kaninchen fliehen ängstlich auseinander, hoppeln ein paar Runden, treffen sich dann in der Nähe der Schwarzohren und klagen ihnen ihr Leid. Ältere Kinder können die Textpassagen selbst vortragen, bei jüngeren Kindern spricht oder singt der Erzähler die ganze Geschichte und die Kinder agieren dem Text gemäß.

Spiellied

Melodie: Zehn kleine Negerlein

Viele Kaninchenkinder
spielten auf dem Feld.
Sie fraßen Klee und Löwenzahn,
schön ist doch diese Welt!

Langsam und mit Getöse kommt der Bagger
heran.

O – habt ihr das gesehn?
Ein Untier kriecht heran.
Das stampft und rattert fürchterlich,
drum rette sich, wer kann.

Die Weißohren-Kaninchen flüchten.

O Schreck, o Angst, o Graus,
seht ihr sie drüben ziehn.
Sie hoppeln über Gras und Stein,
sie müssen eilends fliehn.

So fliehn sie Tag und Nacht,
sie hoppeln nicht mehr schnell.
Die Kleinen sind ganz müd und matt,
und struppig ist ihr Fell.

Macht doch mal endlich Halt,
die Füße tun uns weh!
Wir brauchen frischen Löwenzahn
und Wasser, Gras und Klee!

Weißohren und Schwarzohren sitzen sich
gegenüber.

Was wollt ihr Fremden hier!
Seht doch, wir wohnen hier!
Nun schert euch fort und stört uns nicht
in unserem Revier.

Bitte, verjagt uns nicht,
so schwer ist unser Los!
Die Wiesen, Wälder ringsumher
sind doch unendlich groß.

Wir haben gar nichts mehr,
nicht Höhle, Heimat, Haus.
Wir flüchten ohne Hoffnung weit,
o – werft uns nicht hinaus!

Hoppelt zum Abhang dort,
so weit ein jeder kann!
Da findet gute Höhlen ihr,
so schaut sie euch doch an!

Das wird die Rettung sein,
wir danken euch so sehr.
Nun finden wir genügend Platz.
Wir hoppeln alle her.

So ist's der Kaninchenschar
bei uns hier geschehn.
So kann es über Nacht auch mir
und dir bei uns ergehn.

51

Winter in der Bärenhöhle

Ein Kuschelspiel

In diesem Spiel ist die kuschelige Höhle ein Bereich, der die Kinder begeistert. Sie erfahren unmittelbar, wie die Bären den Winter verbringen, in den Winterschlaf fallen und den Frühling begrüßen. Die Darstellung vermittelt so spielerisch auch naturkundliches Wissen.

Rollen
Erzähler
3 Bärenkinder
6 bis 7 Höhlenkinder

Vorbereitung
Aus einem großen Stück Pappe wird ein riesiger Schlüssel geschnitten, der angemalt wird. Eine Auswahl von Orff-Instrumenten steht bereit, um die Geschichte klanglich zu begleiten. Die Kinder probieren aus, wie die Instrumente klingen und an welchen Stellen des Textes sie sich einsetzen lassen. Die Bärenkinder können braune Fellimitat-Überwürfe oder einen Bärenohren- Kopfschmuck tragen.

Durchführung
Zunächst wird ein Bärenkind bestimmt, das sich mehrere Kinder (etwa 6 oder 7) aus dem Spielkreis holt, die sich mit erhobenen Armen im Kreis aufstellen und so eine große Höhle bilden. Dann legt das Bärenkind eine Decke und einen großen Pappschlüssel in diese Höhle und kriecht durch eine Lücke im Kreis hinein. Danach winkt es nacheinander zwei weitere Bärenkinder zu sich. Die beiden Kinder kriechen ebenfalls in die Höhle und die drei halten sich eng umschlungen. Die Höhlenkinder schließen den Kreis. Die Kinder, die die Höhle bilden, lassen es nun pantomimisch schneien (dazu Triangelklänge) und stellen den Winterwind dar, indem sie pusten. Nach einer Weile wechseln die Töne, die das Geschehen begleiten (Holzblasinstrumente einsetzen). Die Höhlenkinder tippen den Bärenkindern zart auf die Köpfe – die ersten Regentropfen des Frühlings fallen. Daraufhin versuchen die Bärenkinder nacheinander, mit dem großen Schlüssel das „Schlüsselloch" von der Bärenhöhle zu finden. Sie berühren dabei verschiedene Körperteile der Höhlenkinder (Bauch, Beine, Nase). Das „Schlüsselloch" ist vor dem Spiel von den Höhlenkindern festgelegt worden. Wenn es gefunden ist, geben die Höhlenkinder den Eingang frei, und die Bärenkinder tanzen in die Frühlingswelt hinein. Dann beginnt das Spiel mit anderer Besetzung von neuem.

Der Text, nach dem die Kinder agieren, wird
vom Erzähler gesprochen.

Erzähler

Ich bau mir eine Höhle
aus Laub und Gras und Moos.
Die Höhle ist gemütlich,
ist warm und nicht zu groß.

Ich bau mir eine Höhle,
der Winter, der ist kalt.
Dann kriech ich in die Höhle
im weißen Winterwald.

Dann roll ich mich zusammen,
du passt auch noch hinein.
Zwei Bären liegen dicht an dicht,
wir wollen Freunde sein.

Wir rollen uns zusammen,
du passt auch noch hinein.
Drei Bären liegen dicht an dicht,
wir wollen Freunde sein.

Und blasen wilde Stürme,
dann kuscheln wir uns ein.
So warm ist es im Winterhaus,
mag es auch draußen schnein.

Dann lacht die Frühlingssonne,
es tröpfelt, tropf, tropf, tropf.
Mal hier ein Tropfen, dort ein Tropfen
grad auf meinen Kopf.

Ach, Höhle, liebe Höhle,
nun lass uns doch heraus!
Wir sind so lang gefangen
in unserm Winterhaus.

Hier ist der große Schlüssel,
wo ist das Schlüsselloch?
Ist's oben, unten, ich probier's,
ich find's am Ende doch!

Der Winter ist zu Ende,
ich schnupper Frühlingsluft.
Wir laufen in die grüne Welt,
ist das nicht Veilchenduft?

Bärenkind und Höhlenkinder hüpfen umher.

Kommt alle auf die Wiese
und tobt und singt und lacht.
Nun fängt das Spiel von vorne an,
weil uns das Spaß gebracht.

Das Sterntalerkind

Vom selbstlosen Geben

Dieses alte Märchen bezaubert uns immer wieder. Die ruhige, besinnliche Stimmung kann durch die zarten Klänge einer Triangel oder eines Glockenspiels unterstrichen werden. Die Kinder probieren die Wirkung der Taschenlampensterne, sodass beim Dunkelwerden des Raumes keine gruselige Stimmung aufkommt, sondern der poetische Zauber bewusst erlebt wird. Dieses Spiel könnte in der Martinszeit als Alternative zu den St.-Martins-Spielen dargeboten werden.

Die anderen Kinder tragen abgewetzte, einfache Kleidung. Das Sterntalerkind hat ein Stück Brot in der Hand, eine Mütze an und trägt unter seiner Jacke ein weites Hemd mit einem aufgeklebten Stern. Die Taschenlampen der restlichen Mitspieler werden mit einem Stück Pappe zugeklebt, in das ein Stern geschnitten ist. Die Zuschauer bekommen den Text des Liedes, damit sie mitsingen können.

Durchführung

Für eine stimmungsvolle Atmosphäre sollte die Spielfläche in schwaches, abgedimmtes Licht getaucht sein. Als Winterwald können an ein paar Stühlen Tannenzweige festgebunden werden oder sie werden in große Töpfe gesteckt und schmücken so die Bühne. Gegen Ende des Spiels knipsen die Kinder mit den Taschenlampen ihr Taschenlampenlicht an und bewegen die sternförmigen Lichtkegel von oben nach unten. So entsteht die Illusion von Sternen, die vom Himmel fallen.
Zu Beginn des Spiels singen Spieler und Zuschauer gemeinsam das Lied „Weißt du, wie viel Sternlein stehen".

Rollen
Erzähler
Sterntalerkind
Alte Frau
Junge
Mädchen
Mehrere Kinder mit Taschenlampen

Vorbereitung
Das Kind, das die alte Frau darstellt, ist mit einem dunklen Umhang und einem dunklen Kopftuch bekleidet und geht gebückt.

Erzähler

So viele Sterne stehen am Himmel. Sie schauen auf unsere Erde herunter und entdecken viele fröhliche und oft auch traurige Kinder. Eines Tages sehen die Sterne ein kleines Kind, das ganz alleine, ohne Eltern, traurig und frierend im Winterwald umherwandert. Es schlägt die Arme um seine Jacke, unter der es nur ein dünnes Hemdchen trägt. Darauf hatte ihm einst die Mutter ein goldenes Sternchen gestickt. Da steht auf einmal eine alte Frau vor dem Kind.

Alte Frau

O liebes Kind, mich hungert sehr,
ich habe nichts zu essen mehr.

Sterntalerkind

Das ist mein letztes Stückchen Brot,
lass es dir schmecken in der Not.

Alle singen

Melodie: Alle meine Entchen
So viel goldene Sterne
am hohen Himmelszelt.
So viel arme Kinder
in der weiten Welt.

Kleiner Junge

Ich frier an meinem Kopf so sehr,
ach, gib mir doch dein Mützchen her.

Sterntalerkind

Ich friere auch, doch du frierst mehr,
drum schenk ich dir mein Mützchen her.

Alle singen

So viel goldene Sterne
am hohen Himmelszelt.
So viel arme Kinder
in der weiten Welt.

Kleines Mädchen

Du hast ein warmes Jäckchen an,
gib mir's, dass ich mich wärmen kann.

Sterntalerkind

Ich friere auch, doch du frierst mehr,
drum schenk' ich dir mein Jäckchen her.

Erzähler

Nun hat das arme Kind nur noch sein dünnes Hemdchen an
(bei leisem Glockenspiel wird der Raum dunkler).
Da fallen vom Himmel viele goldene Sterne
herab.

Das Sterntalerkind wird mit einer Taschenlampe heller beleuchtet, es fängt im ausgebreiteten Hemdchen die Sterne auf.

Erzähler

Freue dich, du liebes Kind,
so viele Sterne
fallen sacht auf die Erde
aus der weiten Ferne.

Du hast alles fortgeschenkt,
Jacke, Mütze Brot.
Nun wirst du so reich belohnt,
leidest nicht mehr Not.

Du hast selbst gefroren
unterm Sternenzelt.
Du zeigst, wie man helfen kann
hier in unsrer Welt.

Was schenken wir dem Weihnachtsmann?

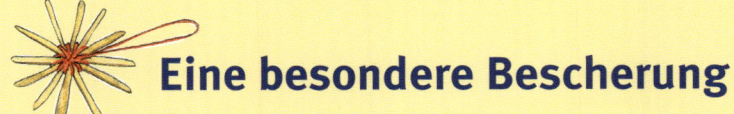

Eine besondere Bescherung

Dieses Spielstück kann sich an eine fröhliche Bastelstunde im Advent anschließen, es kann aber auch in einer Weihnachtsfeier aufgeführt werden. Die Eltern haben dann dem Weihnachtsmann zuvor ein kleines Geschenk für ihre Kinder mitgegeben.

Rollen
Erzähler
Hase
Bär
Viele Kinder im Sitzkreis
Weihnachtsmann

Vorbereitung
Vor dem Spiel werden gemeinsam die flinken Hoppelsprünge des Hasen und das langsame Tapsen des Bären ausprobiert. Der Hase trägt einen Pappring mit Hasenohren aus Tonkarton. Später holt er einen Bund Möhren. Der Bär trägt einen Pelzumhang oder eine braune Decke, eventuell eine Bärenhalbmaske. Später holt er einen Tontopf. Der Weihnachtsmann sollte von einem Erwachsenen gespielt werden. Er trägt einen roten Umhang, einen Bart aus Watte, eine rote Zipfelmütze und einen Sack mit Geschenken. Die Kinder im Kreis halten kleine Geschenke bereit.

Durchführung
Die Kinder sitzen im Spielkreis auf Matten oder Kissen. Die Erwachsenen sitzen dahinter im Stuhlkreis, sodass sie einen freien Blick auf das Spielgeschehen haben. In der Spielmitte sollte genügend Platz für die Bewegungen der Tiere sein.

Erzähler

In der Winterzeit warten alle Kinder und auch die Tiere auf den guten, alten Weihnachtsmann. Natürlich hat er die Kinder nicht vergessen und auch für die hungrigen Tiere hat er bestimmt etwas dabei. Da kommt ja schon der Hase angehoppelt. Der muss ja immer der Erste sein mit seinen flinken Pfoten. Ganz müde stapft dort drüben der Bär durch den Schnee.

Bär

Lieber Hase, halt doch an,
dass ich mal verschnaufen kann.

Hase

Beeil dich, es wird höchste Zeit,
der Weihnachtsmann kommt her von weit.

Bär

Er stapft bestimmt schon zu uns her
und trägt den Sack, so groß und schwer.

Hase

Er will die Kinder heut beschenken,
und wird auch an uns beide denken.

Bär

Der Weihnachtsmann wird hungrig sein,
du schlauer Has', fällt dir nichts ein?

Hase

Dreimal muss ich Haken schlagen,
dann kann ich dir gute Ideen sagen!

Der Hase schlägt wie wild seine Haken.

Hase

Ich hol ihm frische Möhren her,
die schmecken gut, ich hab' noch mehr!
Den Honigtopf schleppst du heran,
da freut sich der gute Weihnachtsmann!

Erzähler

Nun holen die Tiere ihre Schätze herbei. Aber wie sie so dasitzen und warten, bekommen sie Hunger und probieren von den guten Sachen, die sie dem Weihnachtsmann schenken wollen. Und bevor sie sich's versehen, müssen sie feststellen, dass keine Möhre und kein Honig übrig geblieben sind.

Hase

Dein Honig muss ja köstlich sein,
wart, ich steck' meine Pfote hinein.
(entsetzt)
Du hast ja alles selbst geschleckt,
wenn das der Weihnachtsmann entdeckt!

58

Bär erwidert vorwurfsvoll

Von deinen frischen roten Rüben,
da sind ja nur ein paar Stängel geblieben.

Hase und Bär schlagen die Pfoten vors
Gesicht und schluchzen

Die Kinder aus dem Spielkreis holen ihre
selbst gebastelten Geschenke heraus. Bär
geht mit dem Tontopf im Kreis herum, und
die Kinder packen ihre Geschenke hinein.

1. Kind

Kommt her, ihr Tiere, wir haben noch mehr!
Seht, unsre Hände sind nicht leer.

2. Kind

Die Dominosteine und Pfefferkuchen,
die wird der Weihnachtsmann gern versuchen.

3. Kind

Schau her, hier ist eine goldene Nuss
und bunte Herzen als Weihnachtsgruß.

4. Kind

Ich klebte diesen schönen Stern,

5. Kind

ich schenk' die Kerze dem Nikolaus gern.

Die Kinder können weitere Geschenke benennen.
Ein Glöckchen klingelt und es erscheint der
Weihnachtsmann.

Weihnachtsmann

Was trägst du, lieber brauner Bär,
in deinem Topfe denn so schwer?
Da habt ihr alle an mich gedacht
in dieser dunklen Winternacht.
Nun leer auch ich meinen Sack endlich aus
für Kinder und Tiere in diesem Haus.

Die Kinder bekommen ihre Geschenke.

Impressum

Barbara Cratzius war fast dreißig Jahre als Grundschullehrerin tätig. Sie hat außerdem Kinderchöre geleitet und viele Märchen und selbst geschriebene Singspiele mit Kindern aufgeführt. Ihre Ideen und Erfahrungen sind in zahlreichen, sehr erfolgreichen Büchern für Kinder, für Eltern und für Erzieherinnen veröffentlicht.

Susanne Schwandt wuchs an der Ostsee auf. Sie studierte Grafik und Illustration an der Kunsthochschule in Halle. Heute lebt die Mutter von drei Kindern als freie Illustratorin in Berlin und hat bereits zahlreiche Kinderbücher illustriert.

© 2003 Christophorus-Verlag GmbH
Freiburg im Breisgau
www.christophorus-verlag.de

Alle Rechte vorbehalten
Printed in Belgium

ISBN 3-419-53031-5

Illustration: Susanne Schwandt

Coverfoto: Ursula Markus

Umschlaggestaltung und Layoutentwurf:
Uwe Stohrer Werbung, Freiburg

Layout und Gesamtproduktion:
Uwe Stohrer Werbung, Freiburg

Herstellung: Proost, Turnhout 2003

Hier zeigen wir Ihnen eine Auswahl unserer beliebten und erfolgreichen Bücher – und wir haben noch viele andere im Programm. Wir informieren Sie gerne, fordern Sie einfach unser Verlagsprogramm an:

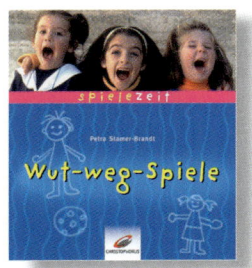